BEI GRIN MACHT SICH IHR WISSEN BEZAHLT

- Wir veröffentlichen Ihre Hausarbeit,
  Bachelor- und Masterarbeit

- Ihr eigenes eBook und Buch -
  weltweit in allen wichtigen Shops

- Verdienen Sie an jedem Verkauf

Jetzt bei www.GRIN.com hochladen und kostenlos publizieren

Social Media und Datenschutz

Inwieweit schränkt Instagram durch Gamification-Anwendungen die Privatsphäre der Nutzenden ein?

Tabea Mehic

Bibliografische Information der Deutschen Nationalbibliothek:

Die Deutsche Nationalbibliothek verzeichnet diese Publikation in der Deutschen Nationalbibliografie; detaillierte bibliografische Daten sind im Internet über http://dnb.d-nb.de abrufbar.

ISBN: 9783346686350
Dieses Buch ist auch als E-Book erhältlich.

Druck und Bindung: Books on Demand GmbH, Norderstedt Germany
Gedruckt auf säurefreiem Papier aus verantwortungsvollen Quellen

Das vorliegende Werk wurde sorgfältig erarbeitet. Dennoch übernehmen Autoren und Verlag für die Richtigkeit von Angaben, Hinweisen, Links und Ratschlägen sowie eventuelle Druckfehler keine Haftung.

Das Buch bei GRIN: https://www.grin.com/document/1252595

Stiftung Universität Hildesheim
Fachbereich 3: Sprach- und Informationswissenschaften
Institut für Informationswissenschaft und Sprachtechnologie

Wintersemester 2021/2022

Seminar 4320 Mensch-Maschine-Interaktion

Social Media und Datenschutz – Instagram

Vorgelegt von:
Tabea Mehic
Internationales Informationsmanagement B.A
3. Semester

Abgabetermin: 26.04.2022

Abstract

Anhand der vorliegenden Hausarbeit sollte die Frage geklärt werden, inwiefern Gamification-Elemente auf Instagram die Privatsphäre und den Datenschutz der Nutzenden einschränken. Auf Grundlage der theoretischen Ausarbeitung wurden Faktoren herausgearbeitet, die den Charakter der Social Media-Plattform Instagram beschreiben. Anhand dieser Faktoren wurde der Zusammenhang zum Privacy Paradox und dem Datenschutz hergestellt. Ebenfalls wurden die bestehende Gamification Elemente von Instagram benannt und eingeordnet. Instagram bietet Nutzenden verschiedene Möglichkeiten die Privatsphäre selbstständig zu regulieren, jedoch sollte mehr Aufklärung rund um das Thema Gamification und Social Media erfolgen, um eine Verletzung der Privatsphäre von Nutzenden zu vermeiden.

Abstract

The aim of this paper was to clarify the question of the extent to which gamification elements on Instagram restrict the privacy and data protection of users. Based on the theoretical elaboration, factors were identified that describe the character of the social media platform Instagram. Based on these factors, the connection to the Privacy Paradox and data protection was established. The existing gamification elements of Instagram were also named and classified. Instagram offers users various options to regulate their privacy independently, but more education should be provided on the topic of gamification and social media in order to avoid violating the privacy of users.

Inhaltsverzeichnis

1. Einleitung

„Think about social media. For the most part, these platforms are free to use but that is because your activity on those platforms becomes data that is then used [...]." (Eng 2020).

Social Media ist aus unserem Alltag kaum wegzudenken, eine Welt ohne Instagram, Facebook, Twitter und Co. ist kaum vorstellbar. Schmidt (2018: 11) grenzt den Begriff *soziale Medien* als „bessere Möglichkeiten, Inhalte zu bearbeiten sowie zum Austausch mit anderen" ein. Diese Definition umschreibt eine fortschrittliche Methode der Kommunikation im massenmedialen, sowie interpersonalen Bereich. Speziell die Weiterentwicklung des Web 2.0 ermöglicht es den herkömmlichen Internetnutzer*innen, nicht nur Informationen zu erhalten, sondern auch selbst tätig zu werden und das Internet mitzugestalten. Die Nutzung sozialer Netzwerke, multimedialer Plattformen, des Online-Shoppings oder von Nachrichtenseiten im Internet füllt heute den Alltag eines jeden. Soziale Medien und Online-Spiele lösen einen besonderen Reiz bei Menschen aus. Instagram gilt als derzeit am schnellsten wachsende soziale Netzwerk und verbindet Spiel und soziale Interaktion miteinander (vgl. Wagner 2015).

Immer öfter rückt die Relevanz von Gamification in Social Media und für Unternehmen sowie dessen Auswirkungen in den Vordergrund. Gamification kann viele verschiedene Formen annehmen und findet im großen Maße auch auf Instagram statt. Ob Likes, Kommentare, Umfragen oder gamifizierte Werbung, Gamification ist allgegenwärtig ohne als dieses benannt oder erkannt zu werden.

Zuvor lag der Fokus im Themenbereich Gamification auf Instagram eher auf den Auswirkungen für das Marketing und für Unternehmen. Doch in dieser Arbeit betrachte ich die Forschungsfrage, *Inwieweit schränkt Instagram durch Gamification-Anwendungen die Privatsphäre der Nutzenden ein?* Zu Beginn erfolgt eine Einführung in das Themenfeld Social Media, sowie eine differenzierte Analyse der Social-Media-App Instagram. Anschließend folgt der Themenbereich der Privatsphäre, welcher die Erläuterung von Risiken beim Teilen von persönlichen Informationen beinhaltet, sowie eine Beschreibung des Privacy Paradox. In Kapitel 4 werden der Datenschutz und die Elemente Kontosicherheit, Privatsphärefunktion und die Tools zum eigenen Schutz erklärt, welche Instagram für Nutzende bereitstellt, um die eigene Privatsphäre zu schützen. Definition, Einordnung und Abgrenzung von Gamification, sowie Ziele und Kennzeichen werden in Kapitel 5 erläutert. Abschließend werden Gamification-Elemente, die auf der Social-Media-Plattform Instagram zu finden sind, benannt und beschrieben.

2. Social Media – Instagram

Bühler und Koleg*innen (2019: 56), beschreiben Social Media als öffentlich geführte Kommunikation, welche nicht jedem ohne weiteres zugänglich ist. Social-Media-Inhalte werden als Inhalte bezeichnet, die von Nutzer*innen selbst geschaffen wurden und unabhängig von Unternehmen oder Website-Betreiber*innen entstehen, somit wird dieser Inhalt auch als User Generated Content bezeichnet. Die Voraussetzung, um an Social Media teilhaben zu können, also User Generated Content zu produzieren und zu konsumieren, ist es Mitglied zu sein. Diese Mitgliedschaft ermöglicht beispielsweise das Abonnieren von YouTube-Kanälen, das Followen auf Instagram oder Twitter, sowie das Bloggen in Blogs. Durch Social Media treffen Menschen in der digitalen Welt aufeinander und teilen private Informationen, Meinungen, Erfahrungen, Erlebnisse miteinander. Diese Art der Kommunikation grenzt sich durch Interaktivität von den traditionellen Medien ab und birgt Spielraum für eine direkte, kritische oder auch feindliche Kommunikation. Social Media ermöglicht den direkten Austausch von Informationen und die interaktive Erstellung und Verteilung von Inhalten mittels Nutzer*innen. Facebook hat nach wie vor die meisten Nutzer*innen, wobei Instagram an zweiter Stelle, mit wachsender Nutzer*innenzahl steht. Es folgen viele weitere Netzwerke, wie Snapchat, Twitter und XING. Eine Entwicklungsprognose zu den Social Media-Kanälen kann nicht vorgenommen werden, da die Relevanz der Kanäle rasant zu- oder abnehmen kann, wie die Vergangenheit bereits gezeigt hat (ebd.:57). Im Juli 2010 erschienen die ersten Instagram-Beiträge von den Gründern Mike Krieger und Kevin Systrom (vgl. Bruner, 2016). Anfangs war die App Instagram nur für iOS- Geräte verfügbar und erst zwei Jahre später erschien die App auch für Android-Geräte. Im Jahr 2012 kaufte das Facebook das Unternehmen Instagram auf und ist seitdem in dessen Besitz (vgl. Upbin 2012). Es gibt zwei Arten von Nutzer*in-Konten auf Instagram. Einerseits das private Instagram-Konto, welches für jeden sichtbar gemacht werden kann, oder auch privat geschaltet werden kann, sodass nur Follower*innen des Kontos die Aktivitäten einsehen können. Ebenfalls kann jedes private Konto in ein Business-Konto erweitert werden. Andererseits gibt es Business- Konten, welche erweiterte Funktionen besitzen, wie zum Beispiel Nutzerstatistiken. Auf Instagram gibt es nur eine Art von Nutzer*innen: die Follower*innen. Nutzer*innen können andere Instagram-Konten abonnieren. Durch das Abonnieren anderer Konten erscheinen die Beiträge dieser Konten im eigenen Feed, welcher vom Algorithmus abhängt. Abonnierte Konten können auch stummgeschaltet werden. Dies hat zur Folge, dass keine Beiträge dieser Konten mehr im Feed angezeigt werden.

Die Anzahl der Follower*innen der Konten ist frei einsehbar, sowie die Anzahl der geposteten Beiträge ein jener Konten. Die drei größten Faktoren, auf die der Algorithmus von Instagram aufbaut, sind gepostete Beiträge von Konten, mit denen das eigene Konto häufig interagiert, werden weiter oben im Feed angezeigt. Als Interaktionen zwischen Konten wird das Kommentieren und das Liken von Beiträgen, sowie das Markieren oder Schicken von Nachrichten gezählt. Interessenbezogene Beiträge werden ebenfalls weiter oben im Feed angezeigt, da Instagram diese herausfiltern kann (vgl. Cooper 2020). Fotos und Videos können in den verschiedensten Layouts auf Instagram gepostet werden. Ein Beitrag kann mit oder auch ohne Text veröffentlicht werden, jedoch sind reine Textbeiträge nicht möglich. Textbeiträge unter Fotos oder Videos können mit Emojis oder Hashtags versehen werden. Durch Hashtags werden Beiträge leichter auffindbar, da Instagram eine eigene Suchfunktion für Hashtags hat. Außerdem können im Beitragstext sowie in Bildern und Videos selbst andere Instagram-Konten markiert werden. Auch Ortsangaben können gemacht werden, sowie Verlinkungen von Links zu anderen Webseiten oder Plattformen (diese beiden Funktionen lediglich im Beitragstext). Eine weitere Funktion die Instagram anbietet, ist die Stories-Funktion, welche Nutzer*innen ermöglicht, Fotos oder 10-Sekunden-Videos zu teilen, welche für 24 Stunden sichtbar sind. Diese Stories erscheinen oberhalb des Feeds mit den Profilbildern der jeweiligen Instagram-Konten. Diese Stories können auch in sogenannte Highlights gespeichert werden, die dann jederzeit auf dem jeweiligen Instagram-Konto abgerufen werden können.[1]

3. Privatsphäre

Im Zeitalter von Big Data werden vor allem das Anrecht auf informationelle Privatheit zunehmend in Frage gestellt. Der Grundsatz der Privatheit gilt als Fundament einer demokratischen und aufgeklärten Gesellschaft (vgl. Schrape 2019: 213). In dem Sinne wird die Privatheit als ein Anspruch auf selbstbestimmte Entscheidungen auf persönliche und geschützte Daten definiert (vgl. ebd.). Der Begriff der Privatheit reicht jedoch weit vor das Zeitalter von Big Data zurück. Denn der Auslöser für das rechtlich fixierte Konzept auf das Recht von Privatheit war die technologische Entwicklung, nämlich die Erfindung mobiler Kameras (vgl. Hagendorff 2019: 92). Mithilfe der neuen Technologie der Fotografie, entstand das Risiko, einen Kontrollverlust über die Erhebung und Verbreitung persönlicher Informationen zu erfahren.

---

[1] Alle hier beschriebenen Funktionen von Instagram werden im Hilfebereich auf der Webseite von Instagram erklärt. Online verfügbar unter: https://help.instagram.com/?locale=de_DE

Im Zuge dessen wurde ein Konzept des Privaten, Ende des 19. Jahrhunderts eingeführt (vgl. ebd.). Gemäß diesem Konzept besagt die Privatheit, das Recht, allein gelassen zu werden (vgl. ebd.).

Es bilden sich zwei Theorien heraus, welche eng mit Privatheit verbunden sind, zum einen die *restricted access theory* und zum anderen die *control theory*. Die *restricted access theory* besagt, dass Privatheit dann gesichert ist, wenn Individuen den Zugang von Dritten zu persönlichkeitsrelevanten Informationen einschränken können (vgl. Hagendorff 2019: 93). Folglich bildet die Idee der Unzugänglichkeit den Mittelpunkt des Privaten. Der Hintergrund ist die informationelle Zugangsbeschränkung zum eigenen Selbst mit dem Ziel der Lockerung oder Verschärfung (vgl. ebd.). Die *control theory* hingegen konzentriert sich auf die Regulierung persönlichkeitsrelevanter Informationen, wobei der Fokus auf der Regulierung liegt (vgl. ebd.).

3.1 Risiken beim Teilen von persönlichen Informationen

Auf Instagram können Nutzende sich weltweit vernetzten und austauschen. So ist es Nutzenden möglich, sich selbst darzustellen und private Informationen zu teilen. Die Möglichkeit der Selbstdarstellung hat auch seine Schattenseiten und kann verschiedene Risiken mit sich bringen.

Durch die Verfügbarkeit von Informationen auf Instagram gibt es ein erhöhtes Risiko auf Cyberstalking (vgl. Dreißing et al. 2014). Die von Nutzenden zur Verfügung gestellten Informationen ermöglichen Stalker*innen neue Möglichkeiten ihren Opfern nachzustellen. Durch eine Online-Befragung wurde deutlich, dass Belästigung auf Social Media gängig ist. Von 6379 Befragten Personen, machten 43,3% die Angabe, schon einmal Belästigung im digitalen Raum erlebt zu haben (vgl. ebd.: 62-65). Cyberstalking wird als häufig vorkommendes Phänomen eingestuft. Auch sexuelle Belästigung tritt als Risiko in sozialen Netzwerken auf. Golder und Kolleg*innen (2019) fanden in ihrer Befragung heraus, dass 52% der Befragten 16- bis 39- jährigen Frauen bereits über Social Media sexuell belästigt wurden. Bei der Befragung kam ebenfalls heraus, dass Mädchen und Frauen öfter von sexueller Belästigung betroffen waren als Jungs und Männer.

3.2 Privacy Paradox

Viele Studien haben gezeigt, dass die Einstellung der Menschen zum Datenschutz sehr stark von ihrem Verhalten abweicht. In Umfragen geben Menschen oft an, dass ihnen die Privatsphäre sehr wichtig ist, doch geben sie bereitwillig sensible persönliche Daten für Vorteile oder manchmal sogar für gar nichts an (vgl. Solove 2020: 1-3). Die Menschen äußern sich besorgt über ihre Privatsphäre, versäumen es aber, einfache und kostengünstige Schritte zum Schutz ihrer Privatsphäre zu unternehmen. Dieses Phänomen ist als *privacy paradox* bekannt (vgl. ebd.). Das privacy paradox – auch Datenschutzparadoxon spielt eine wichtige Rolle in den Debatten über den Datenschutz und dessen Regulierung (vgl. ebd.).

Das privacy paradox wurde von zahlreichen Wissenschaftler*innen dokumentiert. Das Phänomen beruht auf Experimenten, Umfragen oder allgemeinen Verhaltensbeobachtungen. Bevor das privacy paradox einen Namen bekam, zeigten frühe Studien eine Unstimmigkeit zwischen den angegebenen Einstellungen zum Datenschutz und dem Verhalten der Menschen. In der Studie von Sarah Spickermann (2002) wurden die Datenschutz Präferenzen der Teilnehmenden mit den persönlichen Daten verglichen. Die Forscher*innen stellten ursprünglich die Hypothese auf, dass Menschen, die sich mehr Sorgen um ihre Privatsphäre machen, bei der Beantwortung von Fragen weniger detailliert, ausführlich und wahrheitsgemäß sein würden (vgl. ebd: 8). Stattdessen zeigten die Teilnehmenden eine überraschende Bereitschaft, private und persönliche Informationen preiszugeben (vgl. ebd.). Forscher*innen stellten fest, dass die Mehrheit der Teilnehmenden so viele Informationen von sich preisgaben, dass auf dieser Grundlage ein aufschlussreiches Profil erstellt werden konnte. Dieses Verhalten steht im Gegensatz zu der von ihnen angegebenen Einstellung zur Privatsphäre (vgl. ebd.). Nachfolgende Studien zeigen ähnliche Diskrepanz zwischen der Einstellung zum Datenschutz und dem Verhalten der Menschen. Beispiele hierfür sind die Studie von Bettina Berendt und Kolleg*innen (2005) und die Studie von Alessandro Acquisti (2005). Studien zum privacy paradox gibt es zuhauf. Eine Studie von Bernardo Reynolds (2011) verglich die von den Befragten angegebene Einstellung zum Datenschutz mit ihren Aktivitäten in den sozialen Medien auf Facebook und fand nur eine geringe Korrelation zwischen der allgemeinen Besorgnis der Teilnehmenden über den Datenschutz auf Facebook und ihren tatsächlichen Posting-Praktiken. Sowohl die Anzahl der Posts, als auch die Anzahl der Posts, welche für ein größeres Publikum sichtbar ist, schienen unabhängig von der allgemeinen Einstellung zum Datenschutz zu sein (vgl. ebd.).

4. Datenschutz – Wie gewährleistet Instagram den Datenschutz von Nutzer*innen?

Im Allgemeinen betrachtet der Begriff des Datenschutzes den „Schutz des Einzelnen vor Beeinträchtigung in seinem Persönlichkeitsrecht durch Umgang mit seinen personenbezogenen Daten." (BDSG § 1 Abs.). Das Wort *privacy* wird oft als Synonym für *Datenschutz* verwendet, jedoch deckt sich der Begriff eher mit dem der Privatsphäre (vgl. Petrlic et al. 2017: 11).

Der Datenschutz, welcher die Privatsphäre schützen soll, basiert auf drei Säulen (vgl. ebd.: 4). Die erste Säule des Datenschutzes besagt, dass Daten durch *Regulierungen* geschützt werden können. Diese Regulierungen schließen Gesetze, Richtlinien und Verordnungen ein (vgl. ebd.). Somit gibt es in Deutschland ein Datenschutzgesetz, welches die Datenverarbeitung durch den Staat und auch die der Wirtschaftsunternehmen regelt (vgl. ebd.: 144). In §3 Absatz 1 des Bundesdatenschutzgesetzes wird erläutert, dass nur Daten, welche personenbezogen sind auch schützenswert sind (ebd.: 145). Die Regulierung stellt jedoch eine Herausforderung dar, da Gesetze und Regulierungen meist lediglich nationale Gültigkeiten haben und der Prozess der Regulierung langwierig ist. Dies steht im Gegensatz zur technologischen Entwicklung, welche fortschrittlich und rapide ist (vgl. ebd.: 4). Eine weitere Säule des Datenschutzes stellt die *Selbstregulierung* dar, bei der sich der Dienstanbieter daran bindet, Maßnahmen zum Schutz der Nutzenden einzuhalten. Die letzte Säule beschreibt *Privacy by Design*. Folglich können Benutzer*innen mithilfe von technischen Maßnahmen zum Selbstschutz greifen. Auch Betreiber*innen können technische Maßnahmen zum Datenschutz in ihre Systeme integrieren (vgl. ebd.).

4.1 Kontosicherheit

Instagram stellt verschiedene Methoden vor, um einen unberechtigten Zugriff auf das eigene Konto verhindern zu können. Zum einen bietet Instagram die *zweistufige Authentifizierung* an, bei welcher eine E-Mail-Adresse, Whats-App, beziehungsweise eine Telefonnummer oder auch eine Drittanbieter-App eingerichtet werden kann, über welche dann die Identität des/der Nutzer*in bestätigt werden kann, wenn sich mit einem neuen Gerät angemeldet wird. Eine weitere Funktion die Instagram anbietet, ist die der *Benachrichtigungen bei verdächtigen Anmeldeversuchen*. Wenn sich also jemand von einem unbekannten Standort oder Gerät aus anmeldet, erhält der/die Nutzer*in eine Benachrichtigung, um zu bestätigen, dass er/sie sich angemeldet hat. Sobald der Anmeldeversuch nicht vom Nutzenden kommt, kann das Passwort sofort zurückgesetzt werden, damit niemand auf das Konto zugreifen kann.

Ebenfalls empfiehlt Instagram den Nutzer*innen ein individuelles Passwort anzulegen, welches nur der/die Nutzer*in kennt. Das Passwort kann auch jederzeit geändert werden. Eine weitere Sicherheitsfunktion Instagrams ist es, die erhaltenen E-Mails, welche von Instagram verschickt wurden auf der App nachzuvollziehen. Folglich kann eindeutig bestimmt werden, ob eine E-Mail, die von Instagram verschickt wurde, authentisch ist. Nach einem Hack, muss verifiziert werden, ob der/die Nutzer*in auch Kontoeigentümer*in ist. Hierzu muss bei der Anmeldung ein Code eingegeben werden, welcher zuvor per E-Mail oder SMS versendet wurde. So kann ein Konto wiederhergestellt werden.[2]

4.2 Privatsphärefunktionen

Instagram führt auf der eigenen Webseite Funktionen auf, welche eine Kontrolle über die eigenen Daten ermöglicht. Es werden vier Privatsphärefunktionen erläutert. Für Nutzende besteht die Möglichkeit ein privates Konto einzurichten und somit können lediglich Abonnent*innen die Posts sehen. Ebenfalls besteht die Möglichkeit Abonnent*innen zu entfernen. Folglich können Personen jederzeit aus der Abonnent*innenliste entfernt werden, egal ob das Konto öffentlich oder privat ist. Auch das Aufrufen und das Kopieren der Beiträge, Kommentare und Nachrichten ist möglich. Ebenfalls das Entfernen und Archivieren von Beiträgen ist möglich, um sie im Profil nicht mehr sichtbar zu machen.[3]

4.3 Tools zum eigenen Schutz

Die *Tools zum eigenen Schutz* dienen zum Schutz des eigenen Kontos vor Belästigung und unerwünschtem Verhalten. Somit können Konten blockiert werden, damit blockierte Personen das Profil, die Beiträge und die Stories nicht mehr sehen können. Nutzende werden nicht benachrichtigt, wenn sie blockiert werden. Ebenso können Verfasser*innen von Kommentaren blockiert werden und nur noch der/die Verfasser*in kann das eigene Kommentar sehen. Des Weiteren kann in den Kommentareinstellungen festgelegt werden, wer die eigenen Beiträge kommentieren darf. Kommentare oder Nachrichtenanfragen können unangemessen oder anstößig sein, sowie Mobbing oder Spam beinhalten. Diese Inhalte können automatisch herausgefiltert werden. Auch Kommentare zu eigenen Beiträgen können jederzeit gelöscht oder deaktiviert werden. Nutzende haben die Möglichkeit Konten stummzuschalten.

---

[2] Alle hier beschriebenen Funktionen von Instagram werden im Hilfebereich auf der Webseite von Instagram erklärt. Online verfügbar unter: https://about.instagram.com/de-de/safety

[3] Ebd.

Somit werden Stories und Beiträge von einzelnen Personen verborgen, ohne diese nicht mehr zu abonnieren oder zu blockieren. Durch eine Kontoeinschränkung können auch bestimmte Personen daran gehindert werden, einem selbst Nachrichten zu senden oder eigene Beiträge zu kommentieren. Auch bei diesem Tool erhalten Nutzende keine Benachrichtigung, wenn sie eingeschränkt werden.[4]

5. Gamification

5.1 Definition, Einordnung und Abgrenzung

In dem Wort *Gamification* kristallisiert sich schnell das englische Wort *game* heraus, was übersetzt *Spiel* bedeutet. Im deutschen Sprachgebrauch werden oft die Begriffe *Spielifizierung* oder *Gamifizierung* verwendet und sind fester Bestandteil in der Informtionswissenschaft (vgl. Bendel 2013).

Anderie (2018: 7) erläutert Gamification als Folgen von Spielen entsprechender Spielelemente in Industrien und Gesellschaftsbereichen, welche außerhalb der Games-Branche zu verorten sind. Somit umfasst Gamification zwei zentrale Dimensionen: Zum einen den Einsatz von spieltypischen Elementen und zum anderen den spielfremden Anwendungskontext (vgl. Deterding et al. 2011). Folglich lassen sich verschiedene Definitionen, abhängig vom Anwendungskontext herausfiltern. Beispielhafte Definitionen sind von Huotari/ Hamari (2012), Werbach (2014) und Bui und Kolleg*innen (2015). Die anerkannte Begriffserklärung für Gamification lieferten Deterding und Kolleg*innen (2011: 5):

„The use (rather than extension) of design (rather than game-based technology or other game-related practices) elements (rather than full-fledged games) characteristic for games (rather than play or playfulness) in non-game contexts (regardless of specific usage intentions, contexts, or media of implementation)."

Aufgrund dieser Charakeristika wird Gamification zu anderen Spieldesigns wie *Serious Games* oder *Playful Design* abgegrenzt (vgl. ebd.). Über die Dimensionen *Vollständigkeit* und *Spielweise* ist diese Abgrenzung möglich (vgl. Deterding et al. 2011: 5). Bei der Vollständigkeit wird differenziert, ob einzelne Spielelemente eingesetzt werden, oder ob es sich um ein ganzheitliches Spiel handelt. Bei der Spielweise wird in zwei Kategorien aufgeteilt. Zum einen in das *Gaming*, welches das zielorientierte und regelbasierte Spiel meint und zum anderen in das *Playing*, welches als regelloses und freies Spiel eingegrenzt wird (vgl. ebd.). Folglich wird Gamification in die Ausprägung des regelbasierten Spiels und der Spielelemente eingeordnet.

---

[4] Alle hier beschriebenen Funktionen von Instagram werden im Hilfebereich auf der Webseite von Instagram erklärt. Online verfügbar unter: https://about.instagram.com/de-de/safety

Bei Serious Games handelt es sich um vollständige und regelbasierte Spiele. Das primäre Ziel von Playful Design ist die Unterhaltung und es wird das regellose Spiel fokussiert (vgl. ebd.).

5.2 Ziele und Kennzeichen von Gamification

Gamification wird eingesetzt, um verschiedene intendierte Ziele zu erreichen (vgl. Deterding et al. 2011: 5). Laut Seaborn und Fels (2015: 23f.) sowie Sailer (2016: 50) lassen sich fünf Ziele von Gamification festlegen. Durch Motivation werden psychologische Grundbedürfnisse erfüllt. Diese Grundbedürfnisse ergeben sich beispielsweise aus Kompetenz- und Autonomieerleben (vgl. Sailer et al. 2017: 378f.), sowie sozialer Verbundenheit und nach der Selbstbestimmungstheorie (vgl. Deci&Ryan 1985). Durch Gamification können die Voraussetzungen für intrinsische Motivation erfüllt werden, oder die extrinsische Motivation wird mithilfe von Belohnungen gefördert (vgl. Nicholson 2015: 1). Verschiedene Game-Mechaniken können eine Feedbacksfunktion oder Zielfunktion einnehmen. Diese dienen der Leistungsförderung (vgl. Sailer 2016: 133f.). Ein weiteres Ziel von Gamification kann die Partizipationsförderung sein. Hier kann der Einsatz von spielerischem Design gewöhnliche Aktivitäten interessanter und attraktiver gestalten und folglich wird laut Lieberoth (2015: 244) die Partizipation gesteigert. Außerdem wird Gamification genutzt, um emotionales und verhaltensorientiertes Engagement zu begünstigen. Das verhaltensorientierte Engagement kann sich auf die Leistung auswirken, indem mit Einsatz und Beständigkeit einer Aktivität nachgegangen wird (vgl. Mora et al. 2018: 4ff.). Gamifizierte Anwendungen können positive Empfindungen herbeiführen und daher auch neues Verhalten motivieren und andauernde Verhaltensweisen verändern und durch das Setzen neuer Stimuli dauerhaft bestärken (vgl. Blohm&Leimeister 2013: 278).

Diese Ziele existieren nicht unabhängig voneinander und es können sich Wechselwirkungen zwischen ihnen aufbauen. Des Weiteren sind die Ziele von Gamification je nach Anwendungskontext unterschiedlich wichtig (vgl. Sailer 2016: 87).

6. Gamification-Elemente auf Instagram

Es bestehen viele Gamification-Anwendungen auf Social-Media-Plattformen. Es lassen sich auf unterschiedlichen Plattformen nahezu alle Spiel-Design-Elemente finden, da Social Media facettenreich ist (Blohm et al. 2013). Gamification führt zur Steigerung der intrinsischen Motivation hinsichtlich einer Kernleistung (vgl. Blohm et al. 2013: 3). Mitinbegriffen ist hier die Anhebung der Zufriedenheit, sowie das Gefühl des selbstbestimmten Handelns und das Ermöglichen von sozialer Interaktion, durch die ein Wettbewerb entstehen kann (vgl. ebd.).

Viele Gamification-Elemente können nicht eindeutig voneinander getrennt werden und stehen in Zusammenhang miteinander.

6.1 Wettbewerb und Statuserwerb

Blohm und Kolleg*innen (2013) definieren die beiden Spieldynamiken *Wettbewerb* und *Statuserwerb*. Bei diesen beiden Elementen bildet der Vergleich von Nutzenden das Grundprinzip. Der Statuserwerb erfolgt durch den Vergleich von Reputationspunkten oder Levels und über den Vergleich innerhalb von Ranglisten können Nutzende sich beim Wettbewerb miteinander vergleichen. Nutzende erlangen einen höheren Status durch höhere Level oder Ränge (vgl. ebd.).

Auf Instagram lassen sich sozialer Wettbewerb und Statuserwerb finden. Spiellevel werden durch Follower*innen, Likes und Kommentare ausgetauscht. Nutzende vergleichen sich untereinander oftmals mittels Follower*innenanzahl. Somit entsteht ein sozialer Druck, da die Anzahl an Follower*innen als soziale Anerkennung verstanden wird (vgl. Weinert 2019).

6.2 Sammeln

Sailer (2016) erklärt, dass die Motivation von Menschen höher ist, wenn die eigene Leistung transparent und sichtbar gemacht wird. Mithilfe von Punktesystemen kann das Sammeln von Punkten oder Trophäen ermöglicht werden und Nutzende erkennen ihre Leistungssteigerungen. Likes werden ebenfalls zum Sammeln hinzugefügt. Ähnlich zu Punkten, erhält eine Person durch einen Like auf Instagram ein positives Feedback zum eigenen Post. Laut Owetschkin (2013) motiviert dieses positive Feedback Instagram-Nutzende ihre Posts so zu gestalten, dass diese möglichst viele Likes sammeln. Anhand dieses Feedbacks können Nutzende ihre eigenen Handlungen beurteilen.

6.3 Soziale Interaktion und Zusammenarbeit

Der Grundbaustein von Instagram ist die soziale Interaktion und das Zusammenarbeiten. Das Grundbedürfnis nach Gemeinschaft kann laut Wampfler (2019) heutzutage über Social Media befriedigt werden. Das Konzept Social Media beruht auf sozialer Interaktion und allein Likes auf der Plattform Instagram werden als diese gezählt. Die klassische Zusammenarbeit im Team ist auf Instagram weniger vertreten, jedoch kann die aktive Teilnahme auf der Social-Media-Plattform als Zusammenarbeit anerkannt werden, da andernfalls Instagram nicht als soziales Konstrukt funktionieren würde (vgl. ebd.).

6.4 Feedback

Das herkömmliche Punkte-Feedback in gamifizierten Anwendungen lässt sich gut auf die Vergabe von Likes, Kommentaren, Kurzreaktionen (die auf Stories möglich sind) transferieren. Auf ein Post folgt Feedback, in Form von Likes und Kommentaren von Follower*innen. Dieses Feedback ist bedeutend für das Grundbedürfnis der Selbstwirksamkeit (vgl. Minsel 2014: 244). Dieses Grundbedürfnis umschreibt das Erfahren des eigenen Könnens bestätigt zu bekommen (vgl. Stieglitz 2017: 5f.). Somit stellt die Feedbackfunktion eine bedeutende Funktion von Social Media dar und fungiert als wichtiges Gamification-Element (vgl. Decker et al. 2016: 182).

7. Fazit

Instagram wird weltweit von nahezu allen Altersklassen und Gesellschaftsklassen genutzt. Der Einfluss von Instagram ist im privaten und geschäftlichen Leben groß und komplex. Dass diese Social-Media-Plattform so präsent und selbstverständlich ist, lässt darauf schließen, dass das Leben immer mehr in die digitale Welt rückt. Gamification-Elemente spielen hierbei eine bedeutende Rolle. Der Einsatz von Gamification auf Instagram ermöglicht es, zwei Grundbedürfnisse des Menschen zu befriedigen. Zum einen das Knüpfen von Kontakten und das Spielen im Wettbewerb.

Mit Hinblick auf die Forschungsfrage, *Inwieweit schränkt Instagram durch Gamification-Anwendungen die Privatsphäre der Nutzenden ein?* lässt sich nach der Analyse verschiedener Themenbereiche sagen, dass die Beantwortung dieser Frage eine Herausforderung darstellt. Denn obwohl Instagram eine Vielzahl an Maßnahmen für den Datenschutz im Rahmen von Privacy by Design anbietet, machen die Funktionen Instagrams deutlich, dass Likes, Kommentare und Posts nicht lückenlos privat gehalten werden können. Somit hinterlassen alle Nutzenden einen *digitalen Fußabdruck* durch Interaktionen auf Social Media-Plattformen. Nutzende nehmen den Verlust des Datenschutzes in Kauf oder beachten diese Problematik erst gar nicht.

Der Datenschutz ist jedoch nicht nur ein Problem Instagrams, beziehungsweise allen Social Media-Plattformen, sondern bezieht sich auf das ganze Internet. Somit umschreibt das Sprichwort *Das Internet vergisst nie* ein ungelöstes Problem um den effektiven Datenschutz. Denn Datenlöschung kann weder kontrolliert noch erzwungen werden und beschreibt eine technische Unmöglichkeit.

Das Internet und Social Media, wie auch das Portal Instagram, haben sich in nahezu allen Lebensbereichen verändert.

Die Weiterentwicklung von Instagram erfolgt fortgehend und aufgrund dieser hohen Entwicklungsgeschwindigkeit, lässt sich auch die zukünftige Entwicklung seitens der Forschung nur bedingt prognostizieren. Jedoch steht fest, dass Medienkompetenz ein immer wichtiger Faktor im alltäglichen Leben sein wird. Das Wissen um die Funktionsweise und Wirkung der Medien ist unumgänglich und sollte gelehrt werden, damit Nutzende von Social Media so selbstbestimmt wie möglich, über ihre Privatsphäre entscheiden können.

8. Literaturverzeichnis

Acquisti, A.; Gross, R. (2006): Imagined Comunities: Awareness, information sharing, and privacy on the Facebook. International workshop on privacy enhancing technologies. Berlin, Heidelberg: Springer Vieweg. S. 36-58.

Berendt, B., Günther, O.; Spiekermann, S. (2005): Privacy in E-Commerce: Stated Preferences vs. Actual Behavior. In: Communications of the ACM, 48:4, S. 101-106.

Blohm, I.; Leimeister, J.M. (2013): Gamification – Gestaltung IT-basierter Zusatzdienstleistungen zur Motivationsunterstützung und Verhaltensänderung. In: Wirtschaftsinformatik 55:4. S. 275-278.

Bruner, R. (2016): A Brief History of Instagram's Fateful First Day. In: TIME. Veröffentlicht am: 16.07.2016. Online verfügbar unter: https://time.com/4408374/instagram-anniversary/ (20.02.2022).

Bui, A.; Veit, D.; Webster, J. (2015): A Novel Phenomen or a New Wrapping for Existing Concepts? In: Proceedings of the 25th European Conference on Information Systems (ECIS). S. 159-174).

Bühler, P.; Schlaich, P.; Sinner, D. (2019): Internet. Technik – Nutzung – Social Media. Berlin, Heidelberg: Springer Vieweg.

Cooper, P. (2020): So funktioniert der Instagram-Algorithmus 2021: Wie Sie dafür sorgen, dass ihr Content gesehen wird. In: Hootsuite. Veröffentlicht am: 13.05.2021. Online verfügbar unter: https://blog.hootsuite.com/de/instagram-algorithmus-organische-reichweite/ (20.02.2022).

Decker, J.; Wesseloh, H.; Schuhmann, M. (2016): Anforderungen an mobile Micro Learning Anwendungen mit Gamification-Elementen in Unternehmen. In: Mobile Computing. Grundlagen – Prozesse und Plattformen – Branchen und Anwendungsszenarien. Wiesbaden. S. 173-188.

Deterding, S.; Dixon, D.; Khaled, R.; Nacke, L. E. (2011): From game design elements to gamefulness – Defining "Gamification". In: Proceedings of the 15th International Academic Mind-Treck Conference on Envisioning Future Media Environments. S. 1-7.

Dreißing, H.; Bailer, J.; Anders, A.; Wagner, H.; Gallas, C. (2014): Cyberstalking in a Large Sample of Social Network Users: Prevalance, Characteristics, and Impact Upon Victims. In: Cyberpsychology, Behavior, and Social Networking 17:2. S. 61-67.

Eng, D., Pariseault, N., Eng, J., und Eng, B. (2020): Dark Side of Gamification at PAX East 2020. In: University XP. Veröffentlicht am: 18.03.2020. Online verfügbar unter: https://www.universityxp.com/news/2020/3/18/dark-side-of-gamification-at-pax-east-2020 (23.03.2022).

Golder, L.; Jans, C.; Venetz, A.; Bohn, D.; Herzog, N. (2019): Sexuelle Belästigung und sexuelle Gewalt an Frauen sind in der Schweiz verbreitet. gfs.bern.

Hagendorff, T. (2019): Post-Privacy oder der Verlust der Informationskontrolle. In: Behrendt, H.; Loh, W.; Matzner, T.; Misselhorn, C. (Hrsg.): Privatsphäre 4.0. Stuttgart: J.B. Metzler. S. 91-106.

Huotari, K.; Hamari, J. (2012): Defining Gamification – A Service marketing Perspective. In: Proceedings of the South African Institute for Computer Scientists and Information Technologists Conference (SAICSIT). S. 17-22.

Lieberoth, A. (2015): Shallow Gamification Testing Psychological Effects of Framing an Activity as a Game. In: Games and Culture 10:3. S. 229-248.

Minsel, B. (2014): Autonomie- und Kompetenzerleben. In: Pousset, R. (Hrsg.): Handwörterbuch Frühpädagogik. Mit Schlüsselbegriffen der Sozialen Arbeit. 4. Auflage. Berlin.

Mora, A.; Tondello, G. F.; Nacke, L. E.; Arnedo-Moreno, J. (2018): Effect of personalized gameful design on student engagement. In: Proceedings of the IEEE Global Engineering Education Conference (EDUCIN). S. 1-9.

Nicholson, S. (2015): A recipe for meaningful gamification. In: Wood, L. C.; Reiners, T. (Hrsg.): Gamification in Education and Business. S. New York: Springer, S. 1-20.

Owetschkin, K. (2013): Gamifizierte soziale Netzwerke. Eine Aufklärung über die Begriffe „Soziale Netzwerke" und „Gamifikation".

Petrlic, R.; Sorge, C. (2017): Datenschutz. Einführung in technischen Datenschutz, Datenschutzrecht und angewandte Kryptographie. Berlin, Heidelberg: Springer Vieweg.

Reynolds, B.; Venkatanathan, J.; Gonçalves, J.; Kostakos, V. (2011): Sharing ephermal information in online social networks: privacy perceptions and behaviours. In: IFIP Conference on Human-Computer Interaction. Berlin, Heidelberg: Springer Vieweg. S. 204-2015.

Sailer, M. (2016): Die Wirkung von Gamification auf Motivation und Leistung – Empirische Studien im Kontext manueller Arbeitsprozesse, München 2016.

Sailer, M.; Hense, J. U.; mayr, S. K.; Mandl, H.: How gamification motivates – An experimental study of the effects of specific game design elements on psychological need satisfaction. In: Computers in Human Behavior 69. S. 371-380.

Schmidt, J.-H. (20189: Social media. Wiesbaden: Springer VS.

Schrape, J.-F. (2019): Big Data und Privatheit – eine prozesssoziologische Perspektive. In: Behrendt, H.; Loh, W.; Matzner, T.; Misselhorn, C. (Hrsg.): Privatsphäre 4.0. Stuttgart: J.B. Metzler. S. 213-229.

Solove, D. J. (2020): The Myth of the Privacy Paradox. In: George Washington Law Review, 89.

Stieglitz, S. (2017): Gamification: Definition und Abgrenzung. In: Strahringer, S.; Leyh, C.: Gamification und Serious Games. Grundlagen, Vorgehen und Anwendungen. 1. Auflage. Wiesbaden: Springer, S. 4-13.

Upbin, B. (2012): Facebook Buys Instagram For $1 Billion. Smart Arbitrage. In: Forbes. Veröffentlicht am: 09.04.2012. Online verfügbar unter: https://www.forbes.com/sites/bruceupbin/2012/04/09/facebook-buys-instagram-for-1-billion-wheres-the-revenue/ (20.02.2022).

Wagner, I.; Minge, M. (2015): The gods play dice together: The influence of social elements of gamification on seniors' user experience. In: International Conference on Human-Computer Interaction. Springer, Cham. S. 334-339.

Weinert, F. (2019): Hilfe, mein Kind ist ein Smombie: Unsere Kids im digitalen Rausch. 1. Auflage. Baden-Baden.

Werbach, K. (2014): (Re)defining gamification – A process approach. In: Lecture Notes in Computer Science 8462. S. 266-272.